Impressum
Verlag: BABADADA GmbH, Nedderfeld 112 , 22529 Hamburg
Geschäftsführer / Verlagsleitung: Harald Hof
Druck: Books on Demand GmbH, In de Tarpen 42, 22848 Norderstedt

Imprint
Publisher: BABADADA GmbH, Nedderfeld 112 , 22529 Hamburg, Germany
Managing Director / Publishing direction: Harald Hof
Print: Books on Demand GmbH, In de Tarpen 42, 22848 Norderstedt, Germany

学校

школа

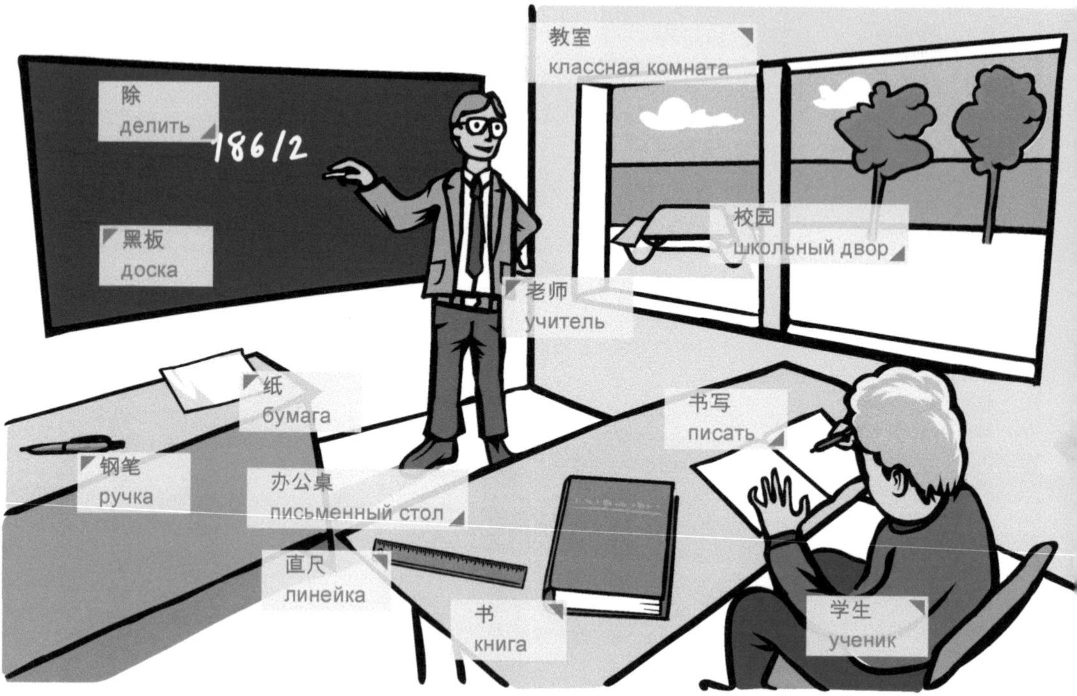
教室
классная комната
除
делить
186/2
黑板
доска
校园
школьный двор
老师
учитель
纸
бумага
书写
писать
钢笔
ручка
办公桌
письменный стол
直尺
линейка
书
книга
学生
ученик

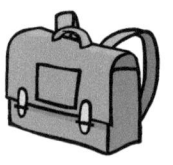

书包

ранец

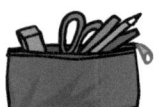

铅笔盒

пенал

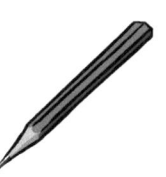

铅笔

карандаш

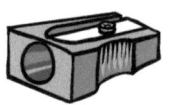

卷笔刀

точилка

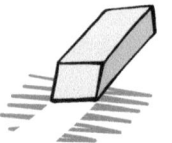

橡皮擦

ластик

画板

альбом для рисования

图画

рисунок

画笔

кисточка

颜料盒

коробка красок

剪刀

ножницы

胶水

клей

练习册

тетрадь

家庭作业

домашняя работа

数字

цифра

加

прибавлять

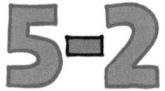

减

вычитать

乘

умножать

计算

считать

字母

буква

字母表

алфавит

字

слово

学校 - школа

课文

текст

读

читать

粉笔

мел

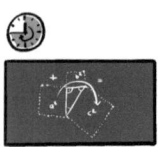

上课

урок

登记

классный журнал

考试

экзамен

证书

диплом

校服

школьная форма

教育

образование

百科全书

энциклопедия

大学

университет

显微镜

микроскоп

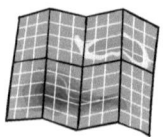

地图

карта

废纸筐

корзина для бумаг

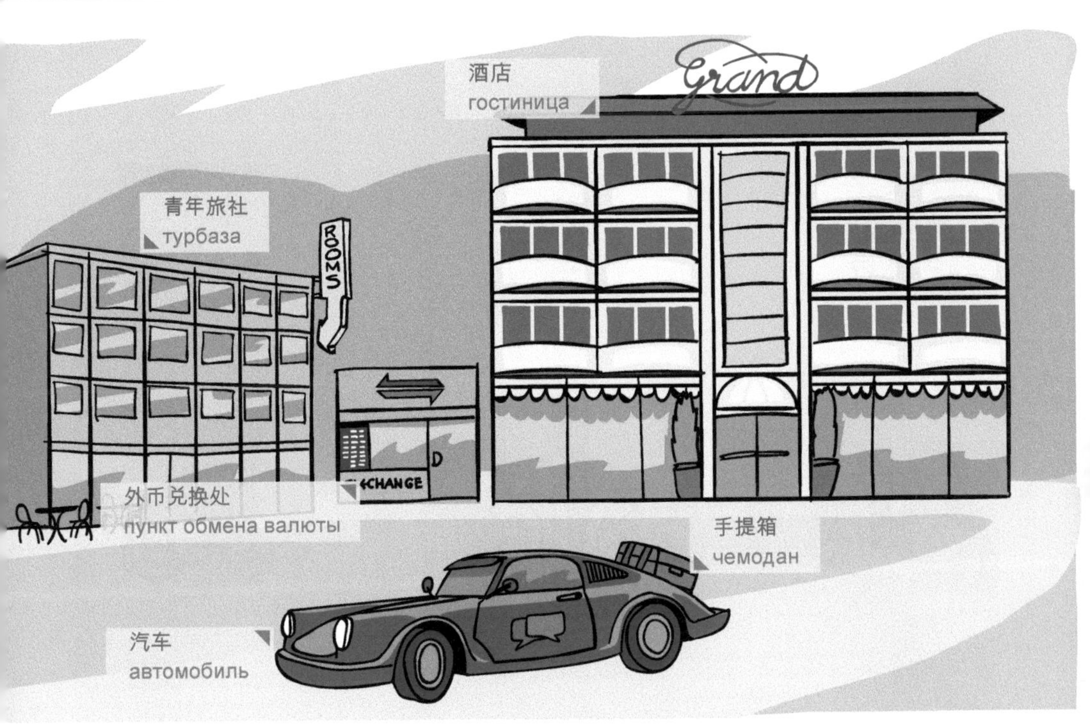
Grand
酒店
гостиница
青年旅社
турбаза
ROOMS
外币兑换处
пункт обмена валюты
手提箱
чемодан
汽车
автомобиль

语言

язык

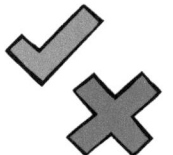

是/否

да / нет

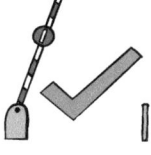

好的

хорошо

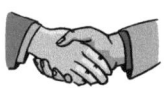

您好

Привет

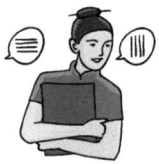

翻译员

переводчик

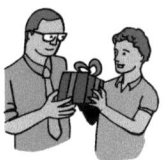

谢谢

Спасибо

.....多少钱？

Сколько стоит...?

我不明白

Я не понимаю

问题

проблема

晚上好！

Добрый вечер!

早上好！

Доброе утро!

晚安！

Доброй ночи!

再见

До свидания

方向

направление

行李

багаж

包

сумка

双肩包

рюкзак

客人

гость

房间

комната

睡袋

спальный мешок

帐篷

палатка

旅游信息

туристическая
информация

海滩

пляж

信用卡

кредитная карточка

早餐

завтрак

午餐

обед

晚餐

ужин

票

билет

电梯

лифт

邮票

почтовая марка

边界

граница

海关

таможня

大使馆

посольство

签证

виза

护照

паспорт

交通运输
транспорт

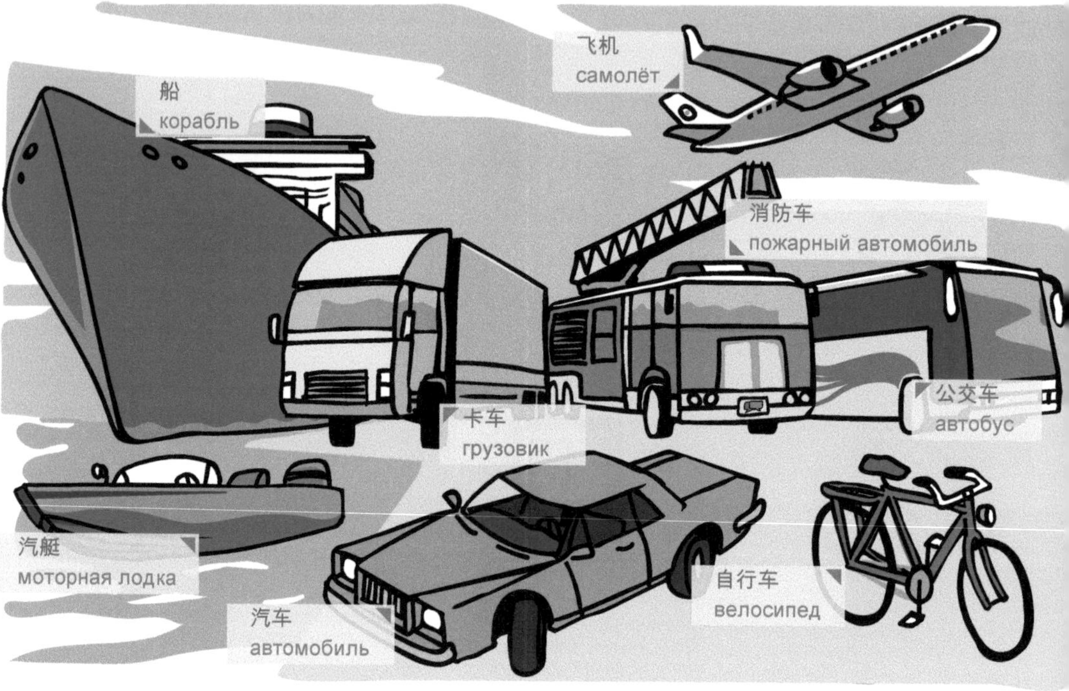

飞机
самолёт
船
корабль
消防车
пожарный автомобиль
公交车
автобус
卡车
грузовик
汽艇
моторная лодка
自行车
велосипед
汽车
автомобиль

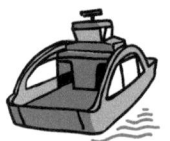

摆渡船

паром

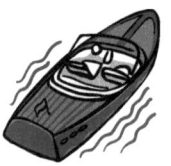

小船

лодка

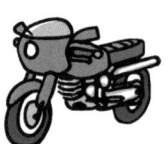

摩托车

мотоцикл

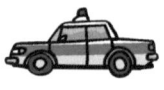

警车

полицейский автомобиль

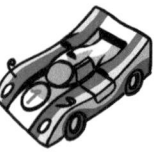

赛车

гоночный автомобиль

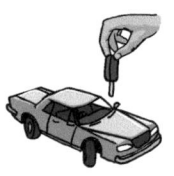

租车

арендованный автомобиль

拼车

совместное пользование
автомобилями

拖车

буксировочный
автомобиль

垃圾车

мусоровоз

发动机

двигатель

汽油

топливо

加油站

заправка

交通标志

дорожный знак

交通

движение

交通堵塞

пробка

停车场

автостоянка

火车站

вокзал

轨道

рельсы

火车

поезд

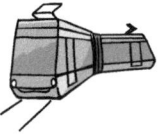

电车

трамвай

货车

вагон

交通运输 - транспорт

直升机
....
вертолёт

机场
....
аэропорт

塔
....
вышка

乘客
....
пассажир

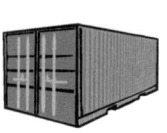

集装箱
....
контейнер

纸板箱
....
коробка

手推车
....
тележка

篮子
....
корзина

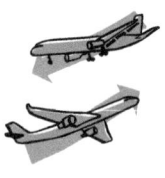

起飞/降落
....
взлетать / приземляться

城市

город

村庄
....
деревня

市中心
....
центр города

房子
....
дом

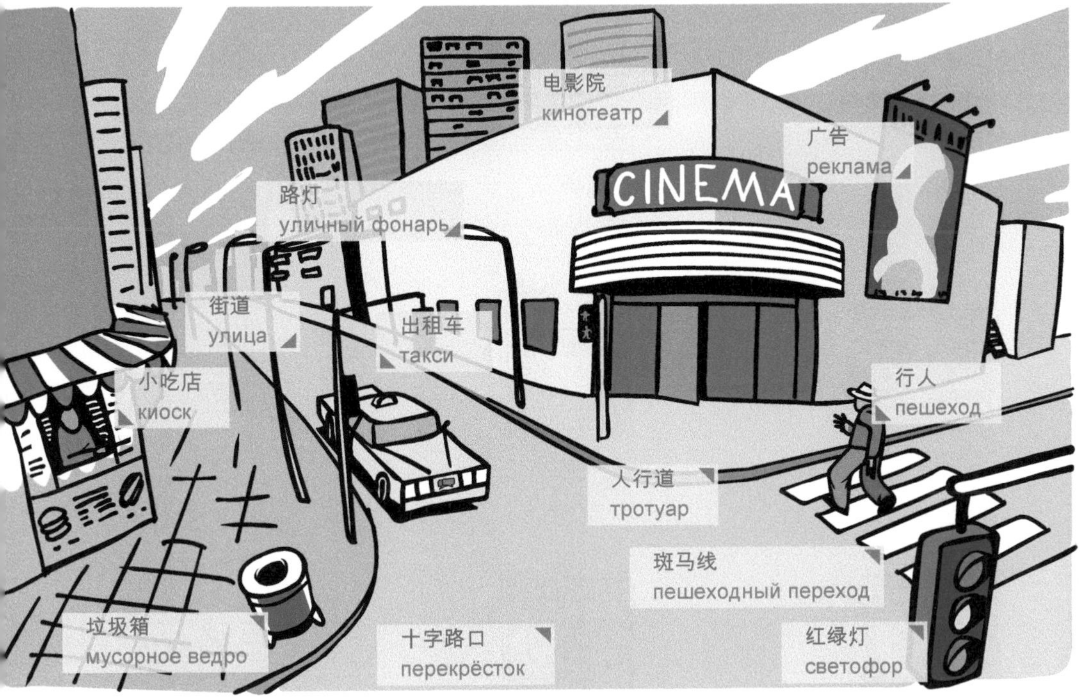
电影院
кинотеатр
CINEMA
广告
реклама
路灯
уличный фонарь
街道
улица
出租车
такси
小吃店
киоск
行人
пешеход
人行道
тротуар
斑马线
пешеходный переход
垃圾箱
мусорное ведро
十字路口
перекрёсток
红绿灯
светофор

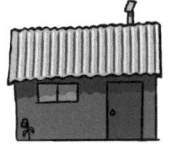

小屋

хижина

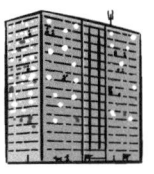

公寓

квартира

火车站

вокзал

市政厅

ратуша

MUSEUM

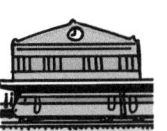

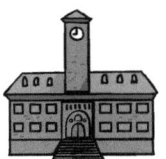

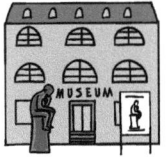

博物馆

музей

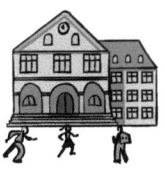

学校

школа

大学

университет

银行

банк

医院

больница

酒店

гостиница

药房

аптека

办公室

офис

书店

книжный магазин

商店

магазин

花店

цветочный магазин

超市

супермаркет

市场

рынок

百货商店

универмаг

鱼店

торговец рыбой

购物中心

торговый центр

海港

порт

公园

парк

长凳

скамейка

桥

мост

楼梯

лестница

地铁

метро

隧道

тоннель

公交车站

автобусная остановка

酒吧

бар

餐馆

ресторан

邮筒

почтовый ящик

路标

табличка с названием
улицы

停车计时器

паркометр

动物园

зоопарк

游泳馆

бассейн

清真寺

мечеть

农场

ферма

污染

загрязнение окружающей среды

墓地

кладбище

教堂

церковь

操场

детская площадка

寺庙

храм

地形
ландшафт

树叶
лист

指示牌
дорожный указатель

路
дорога

草地
луг

石头
камень

树
дерево

徒步旅行者
путешественник

河
река

草
трава

花
цветок

峡谷

долина

山

гора

湖

озеро

森林

лес

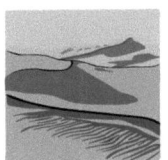

沙漠

пустыня

火山

вулкан

城堡

замок

彩虹

радуга

蘑菇

гриб

棕榈树

пальма

蚊子

комар

苍蝇

муха

蚂蚁

муравей

蜜蜂

пчела

蜘蛛

паук

甲虫
жук

青蛙
лягушка

松鼠
белка

刺猬
еж

野兔
заяц

猫头鹰
сова

鸟
птица

天鹅
лебедь

野猪
кабан

鹿
олень

麋鹿
лось

水坝
плотина

风力发电机
ветряной генератор

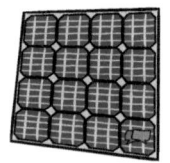

太阳能电池板
солнечная батарея

气候
климат

餐馆

ресторан

服务员
официант
菜单
меню
椅子
стул
汤
суп
披萨饼
пицца
餐具
столовые приборы
桌布
скатерть

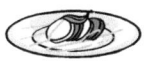

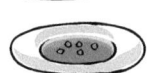

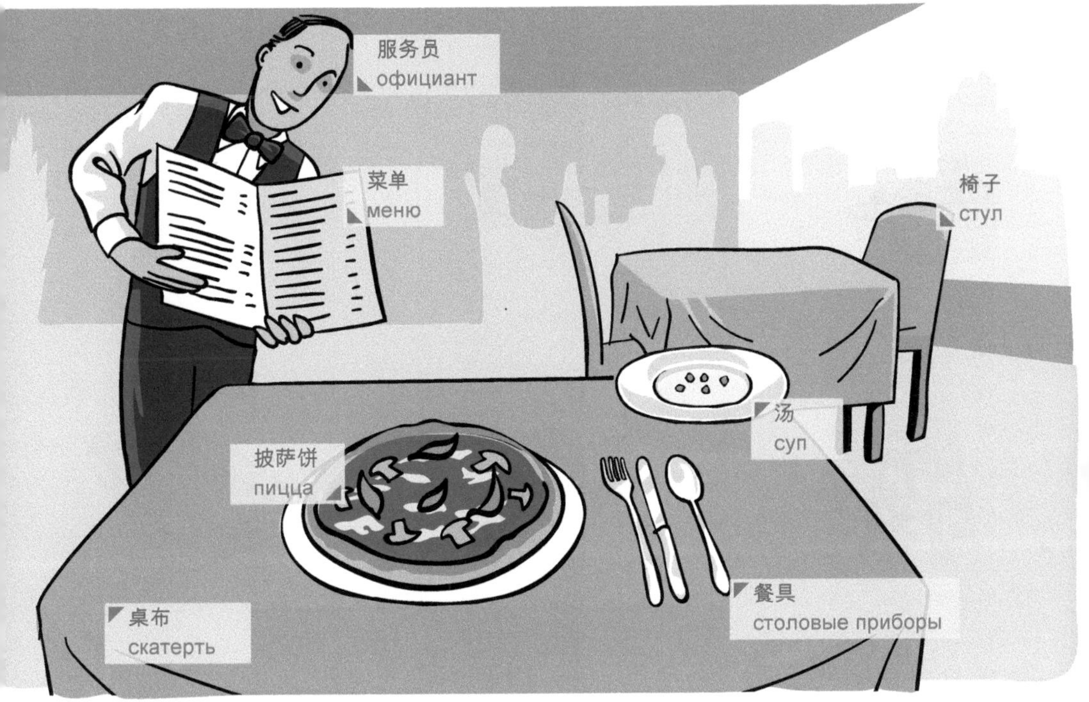

前菜

закуска

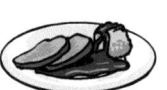

主菜

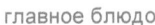

главное блюдо

甜点

десерт

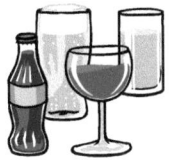

饮料

напитки

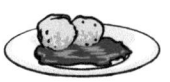

食物

еда

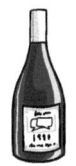

瓶子

бутылка

快餐

фастфуд

街边小吃

уличная еда

茶壶

чайник

糖盒

сахарница

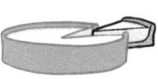

一份饭菜

порция

意式咖啡机

кофеварка

高脚椅

детский стульчик

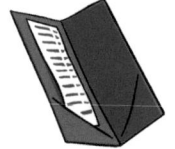

账单

счет

托盘

поднос

刀

нож

餐叉

вилка

勺子

ложка

茶匙

чайная ложка

餐巾

салфетка

玻璃杯

стакан

餐馆 - ресторан

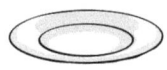

碟子

тарелка

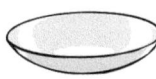

汤盘

суповая тарелка

碟子

блюдце

酱

соус

盐瓶

солонка

胡椒磨

мельница для перца

醋

уксус

食用油

масло

调味料

специи

番茄酱

кетчуп

芥末

горчица

蛋黄酱

майонез

超市

супермаркет

特价
специальное предложение
FOR
顾客
покупатель
乳制品
молочные продукты
水果
фрукты
购物车
тележка для покупок

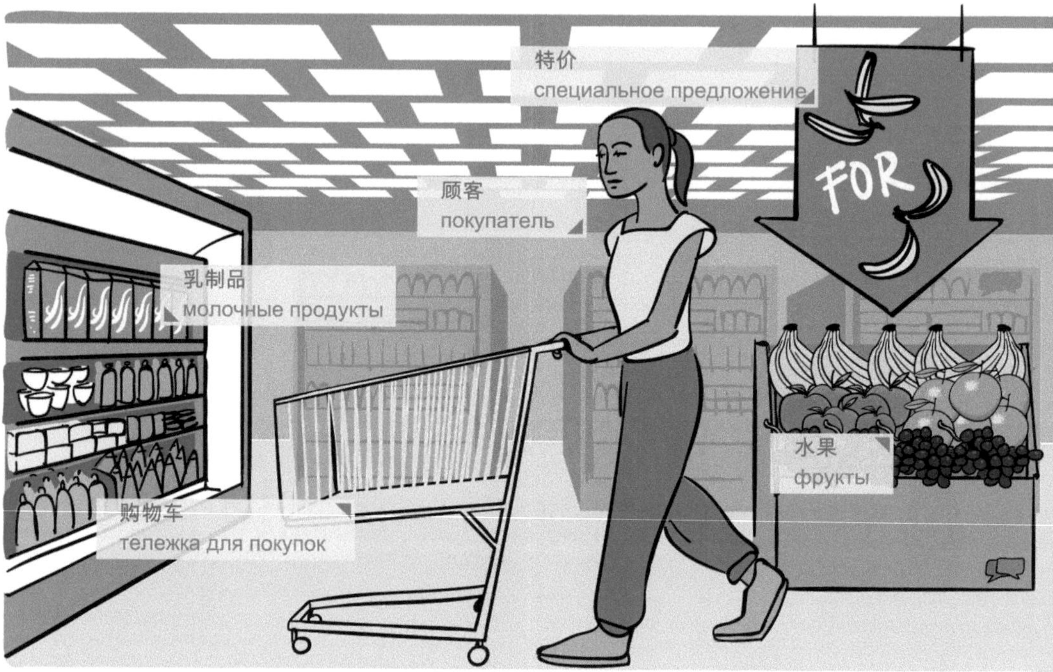

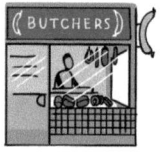

BUTCHERS

肉铺

мясной магазин

BAKERY

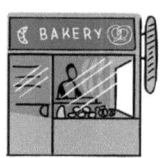

面包房

пекарня

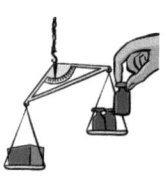

称重

взвешивать

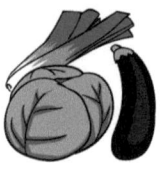

蔬菜

овощи

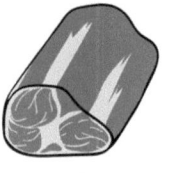

肉

мясо

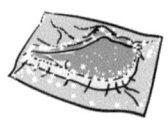

冷冻食品

быстрозамороженные продукты

冷盘

нарезка

罐头食品

консервы

洗衣粉

стиральный порошок

甜食

сладости

日用品

предмет домашнего
обихода

清洁用品

моющее средство

销售员

продавщица

收银机

касса

收银员

кассир

购物清单

список покупок

开放时间

время работы

钱包

бумажник

信用卡

кредитная карточка

袋子

сумка

塑料袋

полиэтиленовый пакет

超市 - супермаркет

水

вода

果汁

сок

牛奶

молоко

可乐

кока-кола

红酒

вино

啤酒

пиво

酒

алкоголь

可可

какао

茶

чай

咖啡

кофе

意式浓缩咖啡

эспрессо

卡布奇诺

капучино

香蕉

банан

苹果

яблоко

橙子

апельсин

西瓜

арбуз

柠檬

лимон

胡萝卜

морковь

大蒜

чеснок

竹子

бамбук

洋葱

лук

蘑菇

гриб

坚果

орехи

面条

лапша

意大利面条

спагетти

米饭

рис

沙拉

салат

薯条

картофель фри

炸土豆

жареный картофель

披萨饼

пицца

汉堡包

гамбургер

三明治

сэндвич

炸猪排

шницель

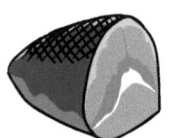

火腿

ветчина

萨拉米

салями

香肠

колбаса

鸡肉

курица

烤肉

жаркое

鱼

рыба

燕麦片

овсяные хлопья

穆兹利

мюсли

玉米片

кукурузные хлопья

面粉

мука

羊角面包

круассан

面包卷

булочка

面包

хлеб

烤面包

тост

饼干

печенье

黄油

масло

凝乳

творог

蛋糕

пирог

蛋

яйцо

煎蛋

яичница

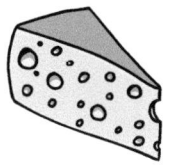

奶酪

сыр

冰激凌

мороженое

糖

сахар

蜂蜜

мёд

果酱

мармелад

巧克力酱

крем с нугой

咖喱饭

карри

农场

ферма

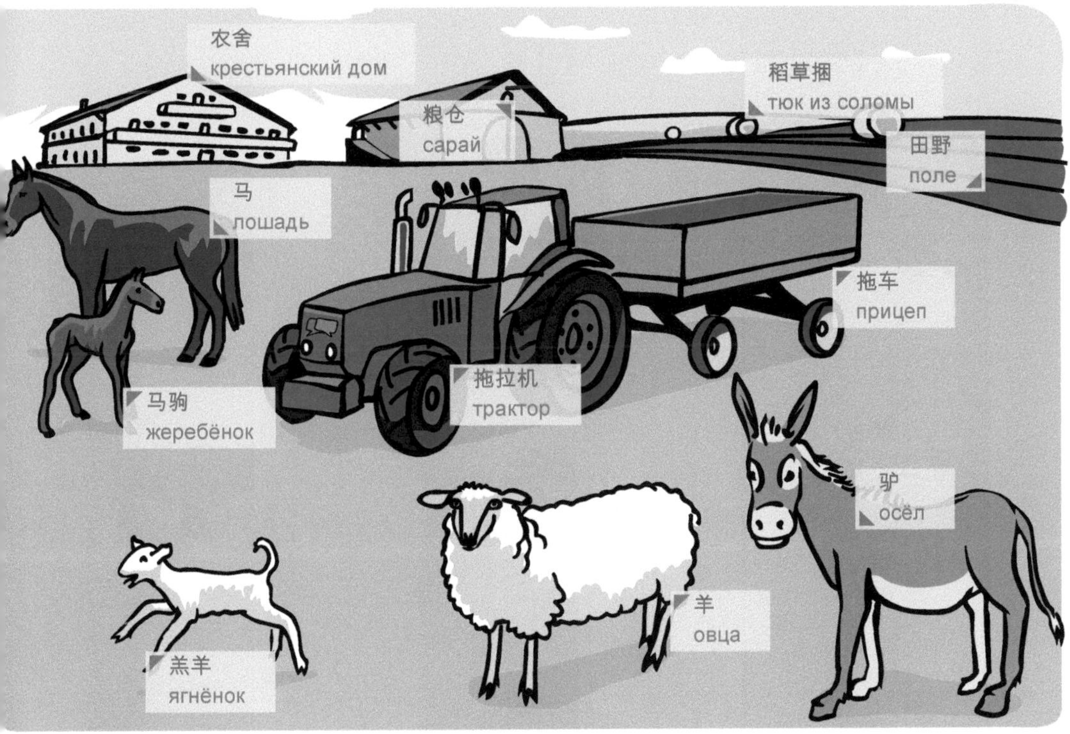

农舍
крестьянский дом
稻草捆
тюк из соломы
粮仓
сарай
田野
поле
马
лошадь
拖车
прицеп
拖拉机
трактор
马驹
жеребёнок
驴
осёл
羊
овца
羔羊
ягнёнок

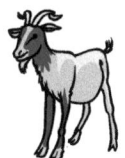

山羊

коза

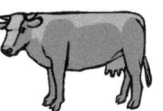

奶牛

корова

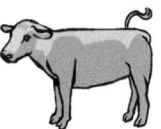

牛犊

телёнок

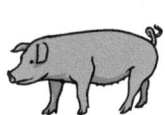

猪

свинья

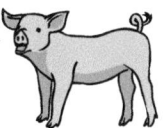

小猪

поросёнок

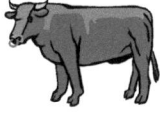

公牛

бык

鹅

гусь

鸭

утка

小鸡

цыплёнок

母鸡

курица

公鸡

петух

鼠

крыса

猫

кошка

老鼠

мышь

牛

вол

狗

собака

狗屋

конура

花园浇水软管

садовый шланг

洒水壶

лейка

长柄大镰刀

коса

犁

плуг

镰刀

серп

锄头

мотыга

长柄草耙

навозные вилы

斧头

топор

独轮手推车

тачка

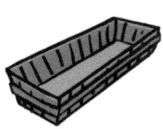

饲料槽

корыто

牛奶罐

бидон для молока

麻布袋

мешок

栅栏

забор

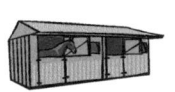

马厩

хлев

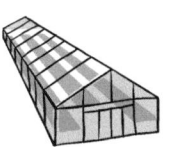

温室

теплица

土壤

почва

种子

посев

肥料

удобрение

联合收割机

комбайн

收割

собирать урожай

收割

урожай

山药

ямс

小麦

пшеница

大豆

соя

土豆

картофель

玉米

кукуруза

油菜籽

рапс

果树

фруктовое дерево

树薯

маниок

谷物

злаки

农场 - ферма

房子

дом

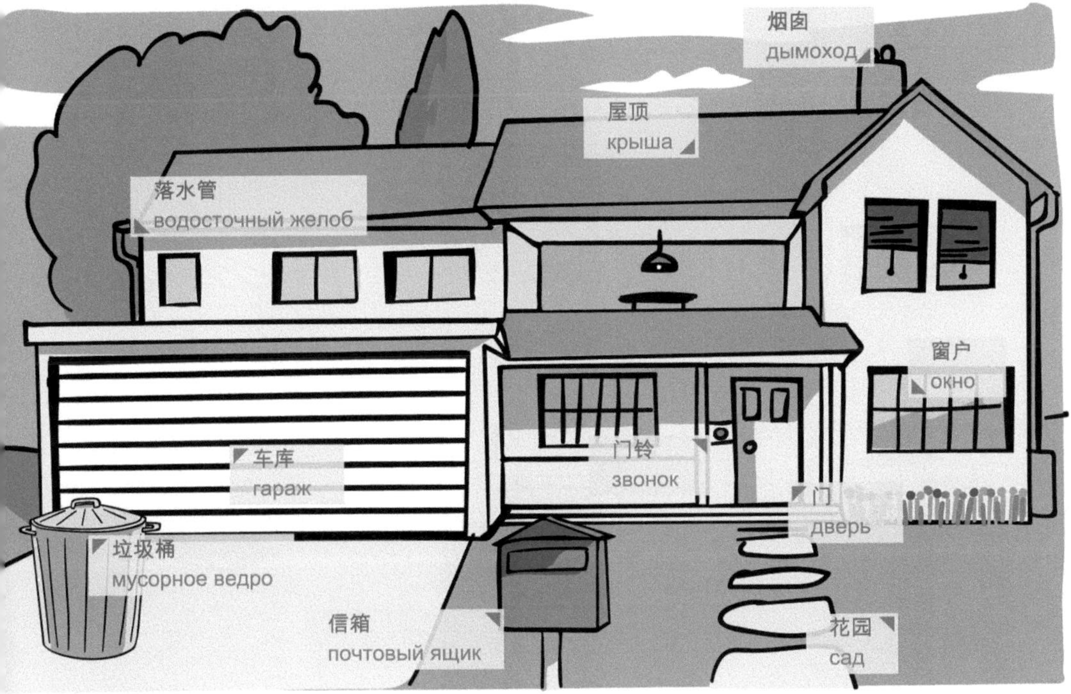

烟囱
дымоход
屋顶
крыша
落水管
водосточный желоб
窗户
окно
车库
гараж
门铃
звонок
门
дверь
垃圾桶
мусорное ведро
信箱
почтовый ящик
花园
сад

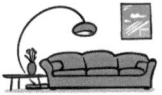

客厅

гостиная

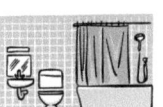

浴室

ванная комната

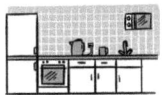

厨房

кухня

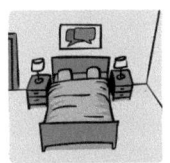

卧室

спальня

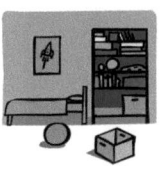

儿童房

детская комната

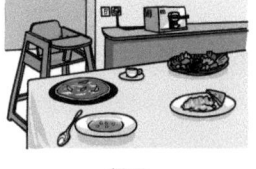

餐厅

столовая

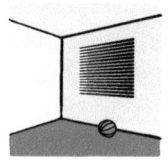

地板
пол

墙壁
стена

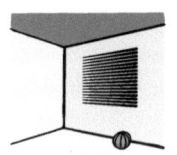

吊顶
потолок

地窖
подвал

桑拿
сауна

阳台
балкон

露台
терраса

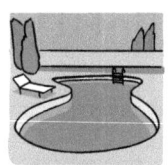

游泳池
бассейн

割草机
газонокосилка

被单
пододеяльник

床罩
покрывало

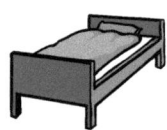

床
кровать

扫帚
метла

水桶
ведро

开关
выключатель

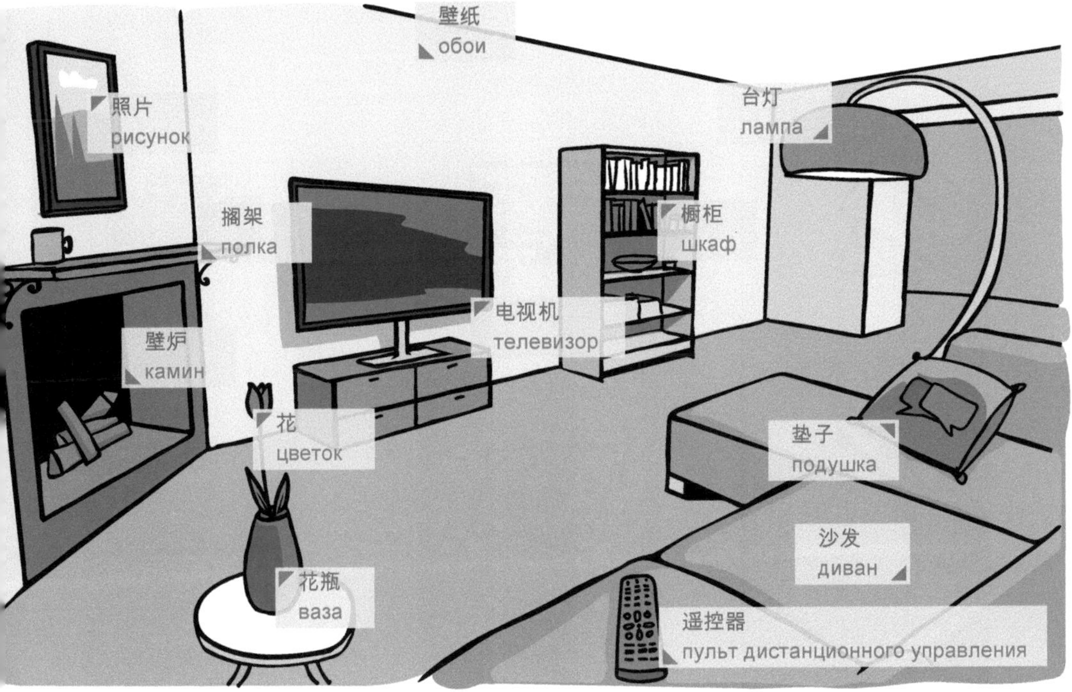

壁纸
обои

台灯
лампа

照片
рисунок

搁架
полка

橱柜
шкаф

电视机
телевизор

壁炉
камин

花
цветок

垫子
подушка

沙发
диван

花瓶
ваза

遥控器
пульт дистанционного управления

地毯

ковёр

窗帘

штора

餐桌

стол

椅子

стул

摇椅

кресло-качалка

扶手椅

кресло

书
книга

毯子
покрывало

装饰品
украшение

木柴
дрова

电影
фильм

高保真音响
стереосистема

钥匙
ключ

报纸
газета

油画
картина

海报
плакат

收音机
радио

笔记本
блокнот

吸尘器
пылесос

仙人掌
кактус

蜡烛
свеча

厨房
кухня

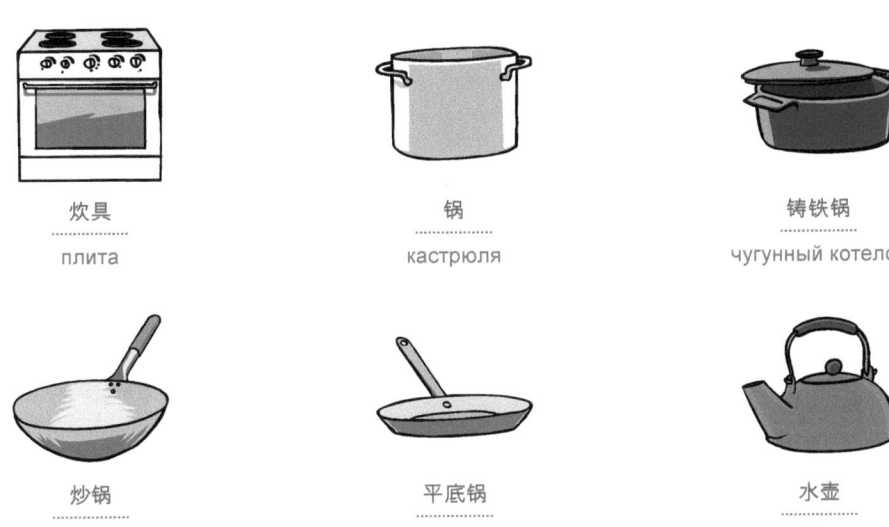

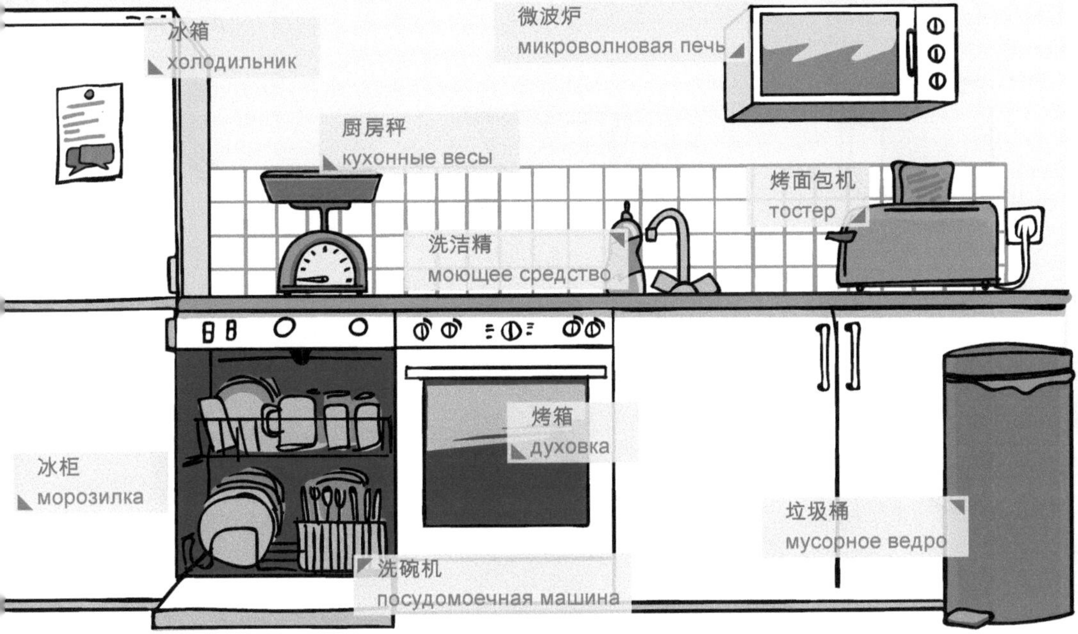

冰箱
холодильник
微波炉
микроволновая печь
厨房秤
кухонные весы
烤面包机
тостер
洗洁精
моющее средство
烤箱
духовка
冰柜
морозилка
垃圾桶
мусорное ведро
洗碗机
посудомоечная машина

炊具

плита

锅

кастрюля

铸铁锅

чугунный котелок

炒锅

вок / кадай

平底锅

сковорода

水壶

чайник

蒸锅

пароварка

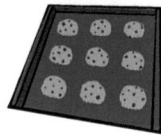

烤盘

противень

陶瓷锅

посуда

马克杯

кружка

碗

миска

筷子

палочки для еды

长柄勺

половник

铲子

лопатка

搅拌器

сбивалка

滤网

сито

筛子

сито

磨碎机

тёрка

研钵

ступка

烧烤

гриль

明火

костёр

菜板

доска

擀面杖

скалка

开瓶器

штопор

罐子

жестяная банка

开罐器

консервный нож

隔热手套

прихватка

水槽

раковина

刷子

щетка

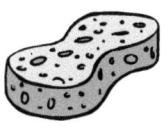

海绵

губка

搅拌机

миксер

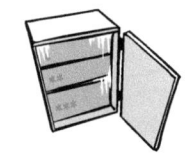

冷藏箱

морозильная камера

奶瓶

бутылочка для кормления

水龙头

кран

浴室

ванная комната

供暖设备
отопление
毛巾
полотенце
淋浴
душ
浴帘
душевая занавеска
泡沫浴
пенистая ванна
浴缸
ванна
玻璃杯
стакан
洗衣机
стиральная машина
水龙头
кран
瓷砖
плитка
便壶
горшок
水槽
раковина

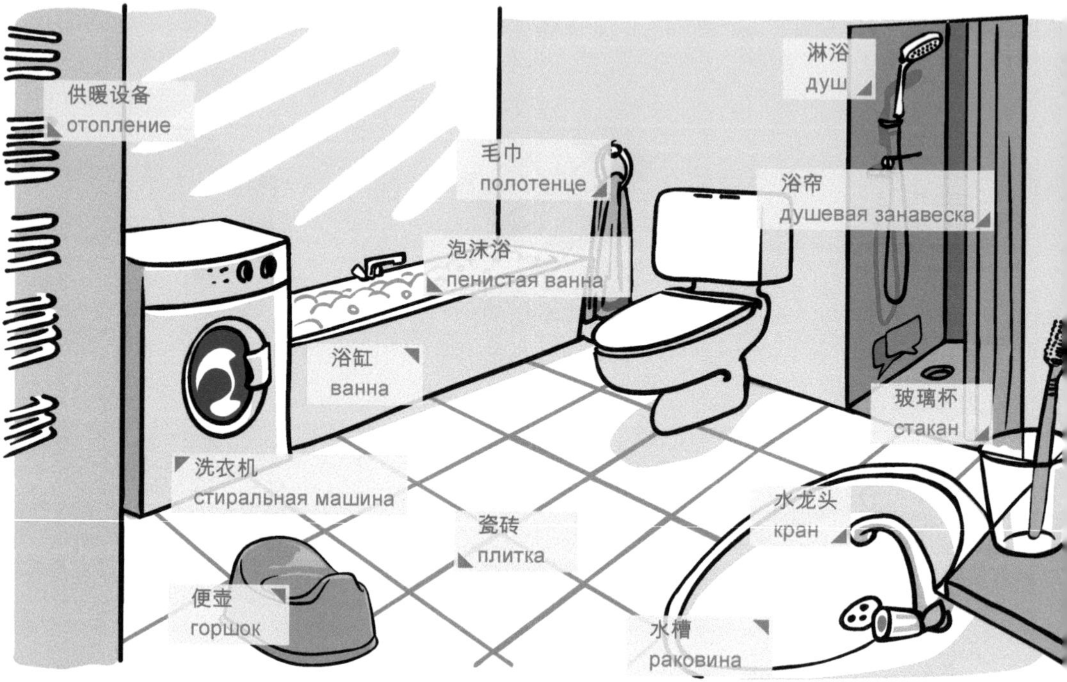

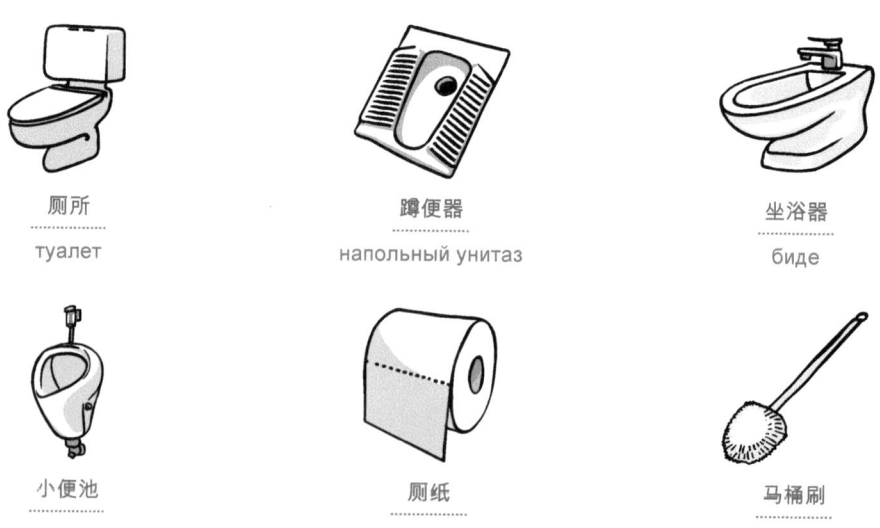

厕所

туалет

蹲便器

напольный унитаз

坐浴器

биде

小便池

писсуар

厕纸

туалетная бумага

马桶刷

ершик

牙刷

zубная щетка

牙膏

zубная паста

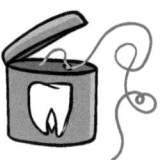

牙线

zубная нить

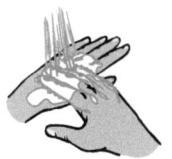

洗

мыть

手持式喷淋头

ручной душ

冲洗器

интимный душ

洗脸盆

таз

擦背刷

щетка для спины

肥皂

мыло

沐浴露

гель для душа

洗发水

шампунь

法兰绒

мочалка

排水

сток

乳霜

крем

除臭剂

дезодорант

镜子

зеркало

手镜

ручное зеркало

剃须刀

бритва

剃须泡沫

пена для бритья

须后水

лосьон после бритья

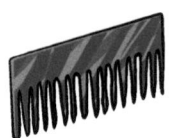

梳子

расческа

刷子

щетка

吹风机

фен

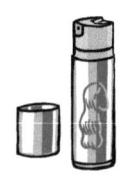

喷发定型剂

лак для волос

化妆品

косметика

唇膏

губная помада

指甲油

лак для ногтей

化妆棉

вата

指甲剪

маникюрные ножницы

香水

духи

洗漱包

косметичка

凳子

табуретка

计重秤

весы

浴袍

халат

橡胶手套

резиновые перчатки

卫生棉条

тампон

卫生巾

гигиеническая прокладка

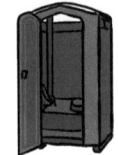

化学厕所

биотуалет

儿童房

детская комната

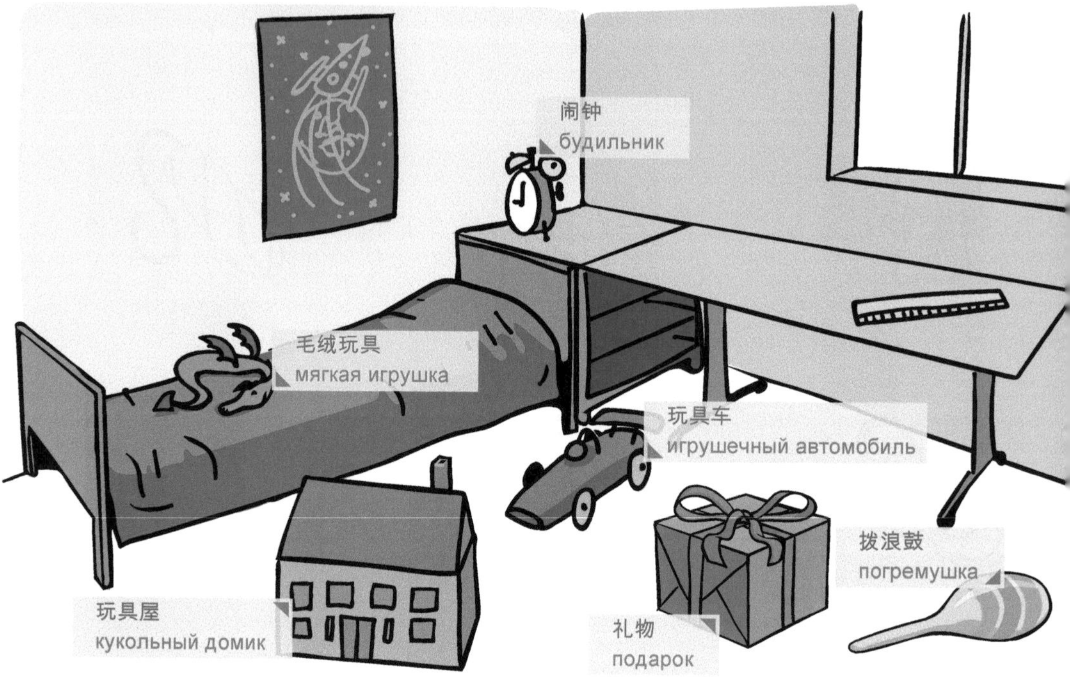

闹钟
будильник
毛绒玩具
мягкая игрушка
玩具车
игрушечный автомобиль
拨浪鼓
погремушка
玩具屋
кукольный домик
礼物
подарок

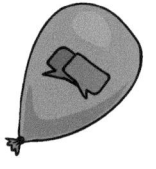

气球

воздушный шар

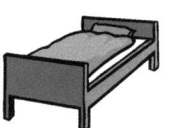

床

кровать

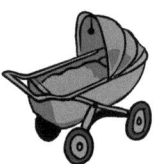

（洋娃娃用）婴儿车

детская коляска

扑克牌

карточная игра

拼图

пазл

SUPER
MEGA

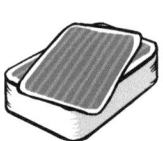

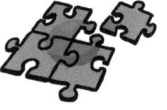

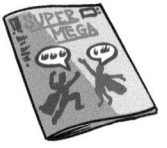

漫画

комикс

乐高积木

кирпичики Лего

积木玩具

кубики

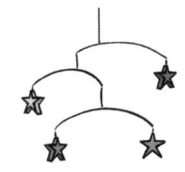

玩具人

игрушечная фигурка

婴儿服

ползунки

飞盘

фрисби

床铃玩具

мобиле

棋盘游戏

настольная игра

骰子

кубик

火车模型

модель железной дороги

安抚奶嘴

соска

聚会

вечеринка

绘本

книга с картинками

球

мяч

洋娃娃

кукла

玩

играть

沙坑

песочница

秋千

качели

玩具

игрушка

游戏机

игровая приставка

三轮车

трёхколесный велосипед

泰迪熊

плюшевый медвежонок

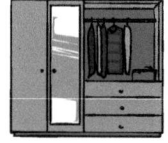

衣柜

шкаф для одежды

衣服

одежда

袜子

носки

长袜

чулки

紧身裤

колготки

围巾
шарф

雨伞
зонтик

T恤
футболка

皮带
ремень

靴子
сапоги

拖鞋
тапки

运动鞋
кроссовки

凉鞋
....
сандалии

鞋
....
ботинки

雨靴
....
резиновые сапоги

内裤
....
трусы

胸罩
....
бюстгальтер

背心
....
майка

衣服 - одежда

45

身体
боди

裤子
брюки

牛仔裤
джинсы

短裙
юбка

女式衬衫
блузка

衬衫
рубашка

套头衫
свитер

卫衣
свитер

西装夹克
спортивная куртка

夹克
жакет

外套
пальто

雨衣
плащ

套装
костюм

连衣裙
платье

婚纱
свадебное платье

西装

мужской костюм

睡袍

ночная сорочка

睡衣

пижама

莎丽

сари

头巾

платок

包头巾

тюрбан

波卡

паранджа

卡夫坦

кафтан

(阿拉伯式)长袍长袍

абайя

泳衣

купальник

男式泳裤

плавки

短裤

шорты

运动服

спортивный костюм

围裙

фартук

手套

перчатки

纽扣

пуговица

眼镜

очки

手链

браслет

项链

цепочка

戒指

кольцо

耳环

серьга

便帽

шапка

衣架

вешалка

帽子

шляпа

领带

галстук

拉链

застежка молния

头盔

шлем

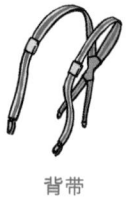

背带

подтяжки

校服

школьная форма

制服

форма

衣服 - одежда

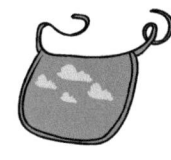

围兜

детский нагрудник

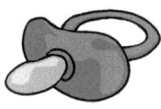

安抚奶嘴

соска

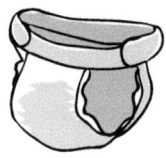

尿不湿

подгузник

办公室

офис

服务器
сервер
文件柜
канцелярский шкаф
打印机
принтер
显示屏
монитор
纸
бумага
鼠标
мышь
办公桌
письменный стол
文件夹
папка
键盘
клавиатура
废纸篓
корзина для бумаг
电脑
компьютер
椅子
стул

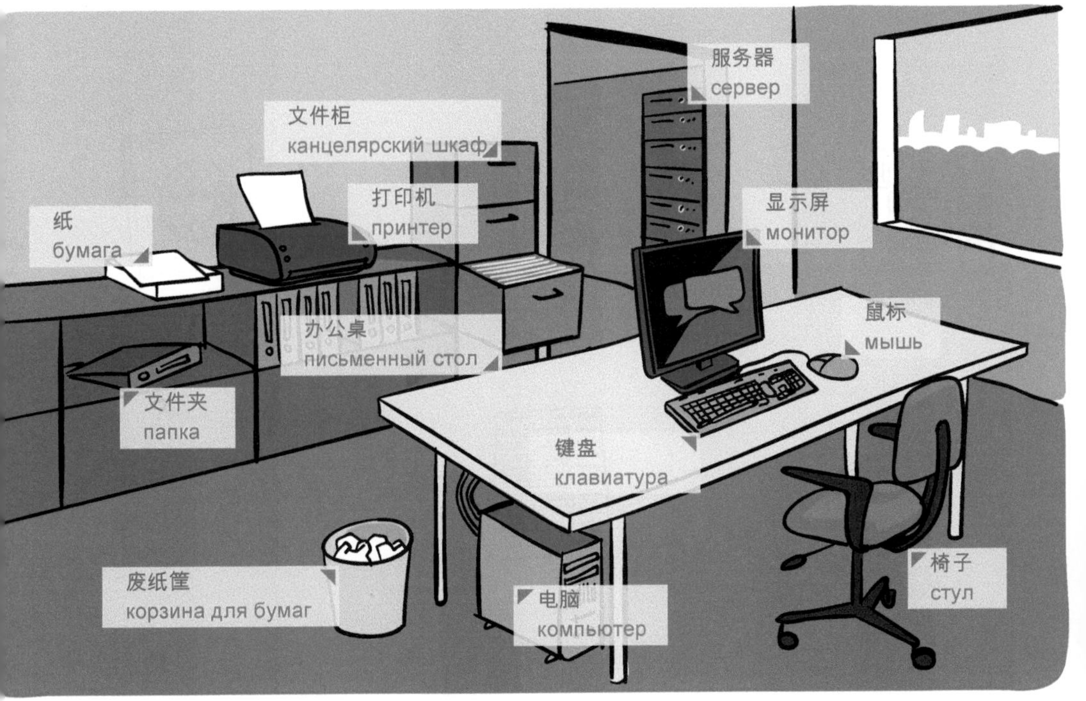

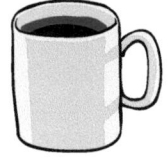

咖啡杯

кофейная кружка

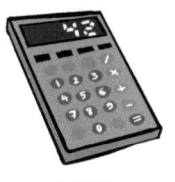

计算器

калькулятор

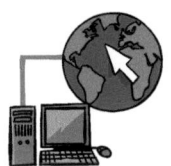

因特网

интернет

笔记本电脑

ноутбук

信件

письмо

消息

сообщение

手机

мобильный телефон

网络

сеть

复印机

ксерокс

软件

программа

电话

телефон

插座

розетка

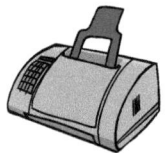

传真机

факс

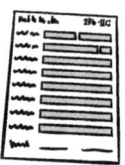

表格

формуляр

文件

документ

买

покупать

付钱

платить

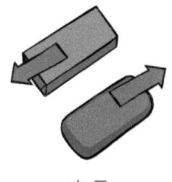

交易

торговать

现金

деньги

美元

доллар

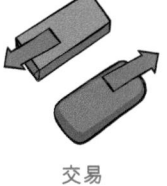

欧元

евро

日元

иена

卢布

рубль

瑞士法郎

франк

人民币

жэньминьби юань

卢比

рупия

提款处

банкомат

外币兑换处

пункт обмена валюты

金

золото

银

серебро

石油

нефть

能源

энергия

价格

цена

合同

договор

税金

налог

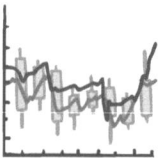

股票

акция

工作

работать

职员

служащий

老板

работодатель

工厂

фабрика

商店

магазин

职业

профессии

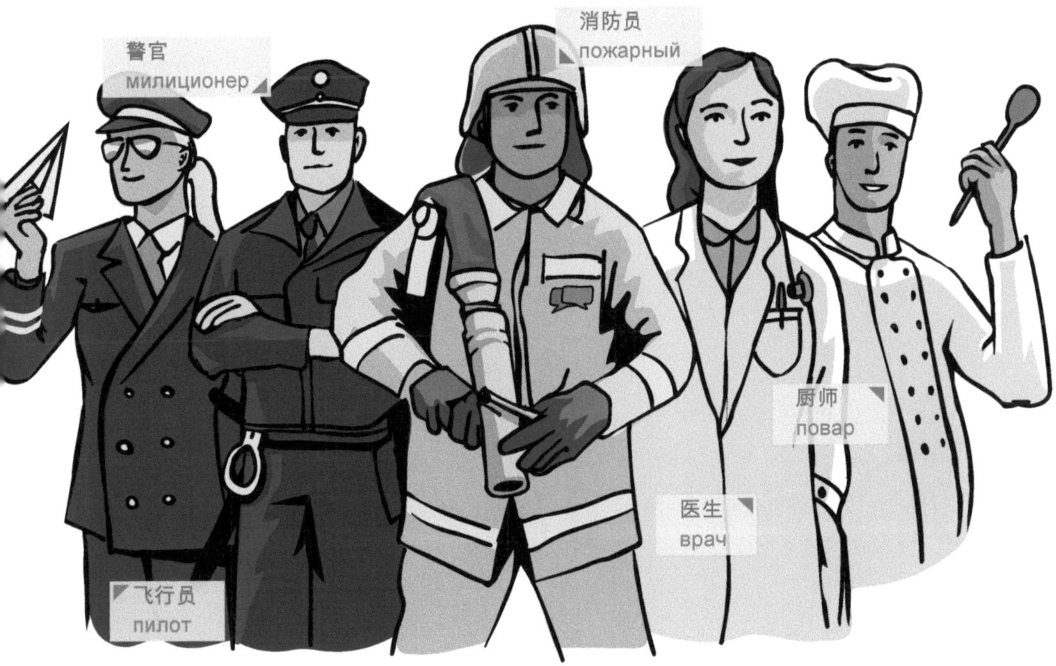

警官
милиционер
消防员
пожарный
厨师
повар
医生
врач
飞行员
пилот

园丁

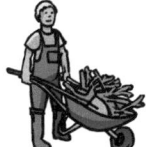

садовник

木匠

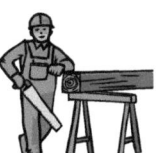

столяр

裁缝

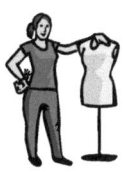

швея

法官

судья

化学家

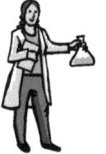

химик

演员

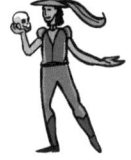

актёр

公交车司机

водитель автобуса

出租车司机

таксист

渔夫

рыбак

清洁女工

уборщица

屋顶工

кровельщик

服务员

официант

猎人

охотник

画家

художник

面包师

пекарь

电工

электрик

建筑工人

строитель

工程师

инженер

屠夫

мясник

水管工

сантехник

邮递员

почтальон

职业 - профессии

士兵

солдат

建筑师

архитектор

收银员

кассир

花农

флорист

理发师

парикмахер

售票员

кондуктор

机械师

механик

船长

капитан

牙医

зубной врач

科学家

ученый

拉比

раввин

伊玛目

имам

和尚

монах

牧师

священник

工具
инструменты

铁锤
молоток
钳子
плоскогубцы
螺丝刀
отвёртка
扳手
гаечный ключ
手电筒
карманный фон

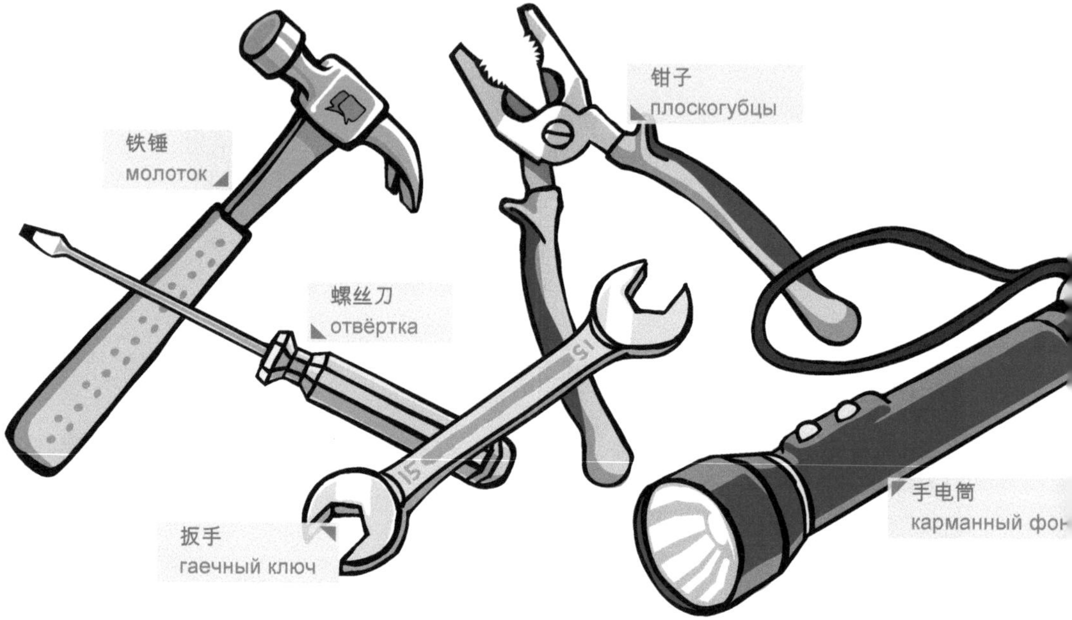

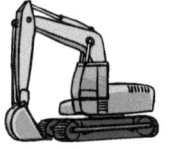

挖掘机

экскаватор

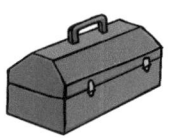

工具箱

ящик для инструментов

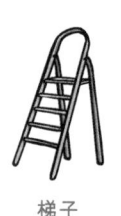

梯子

стремянка

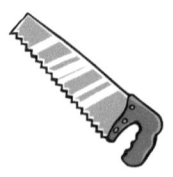

锯子

пила

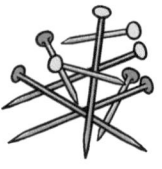

钉子

гвозди

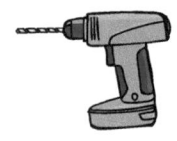

钻机

дрель

修

ремонтировать

铲子

лопата

靠！

Блин!

簸箕

совок

油漆桶

ведро с краской

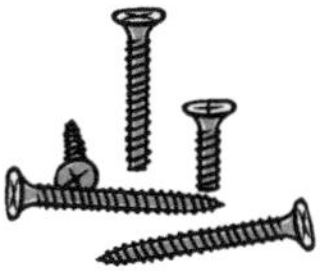

螺丝

винты

乐器

музыкальные инструменты

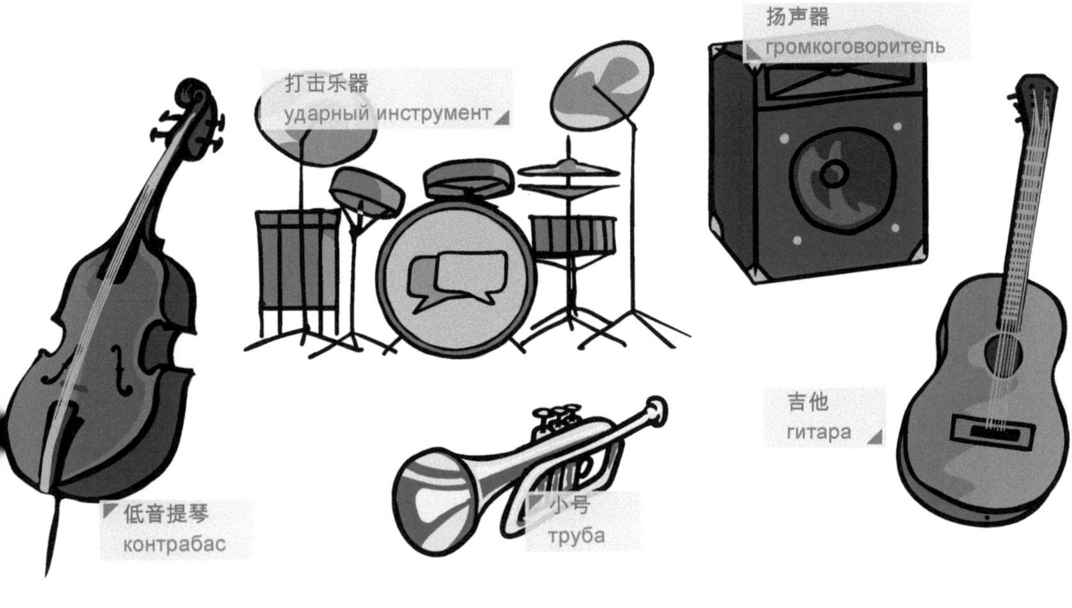
扬声器
громкоговоритель
打击乐器
ударный инструмент
吉他
гитара
低音提琴
контрабас
小号
труба

钢琴
пианино

小提琴
скрипка

贝斯
бас-гитара

定音鼓
литавры

鼓
барабан

电子琴
синтезатор

萨克斯管
саксофон

长笛
флейта

麦克风
микрофон

动物园

зоопарк

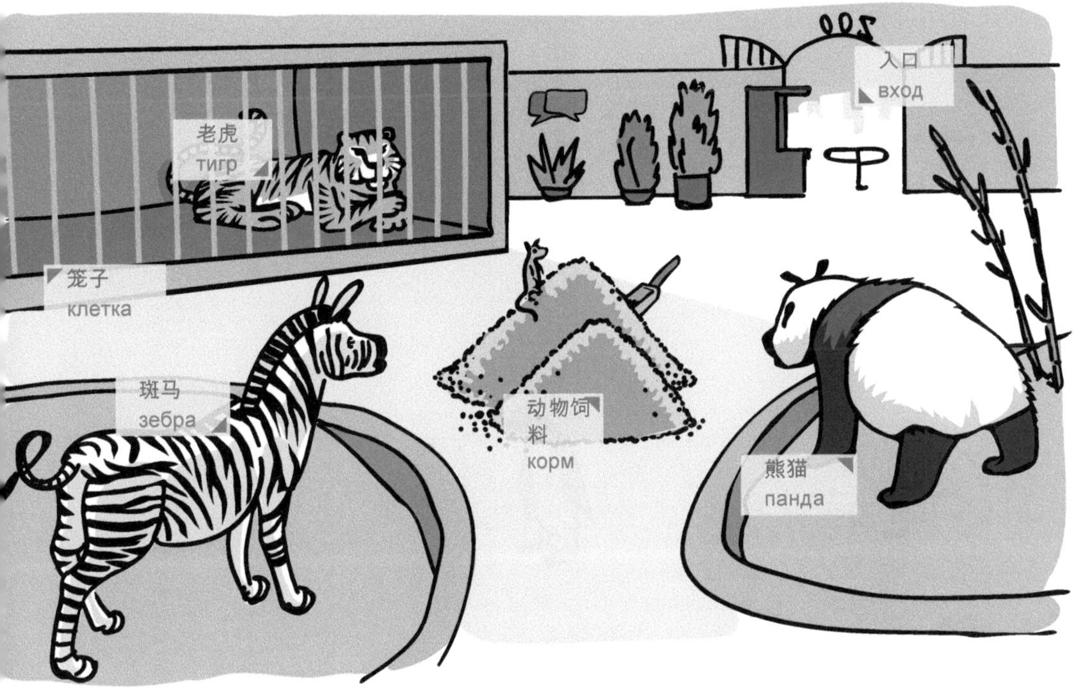
入口
вход
老虎
тигр
笼子
клетка
斑马
зебра
动物饲料
корм
熊猫
панда

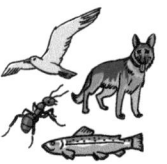

动物

животные

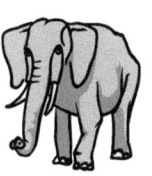

大象

слон

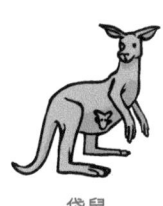

袋鼠

кенгуру

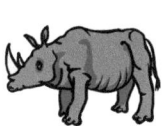

犀牛

носорог

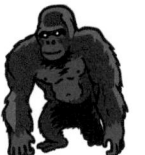

大猩猩

горилла

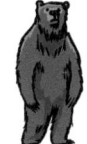

熊

медведь

骆驼

верблюд

鸵鸟

страус

狮子

лев

猴子

обезьяна

火烈鸟

фламинго

鹦鹉

попугай

北极熊

белый медведь

企鹅

пингвин

鲨鱼

акула

孔雀

павлин

蛇

змея

鳄鱼

крокодил

动物园管理员

служитель зоопарка

海豹

тюлень

美洲豹

ягуар

矮种马

пони

豹

леопард

河马

бегемот

长颈鹿

жираф

老鹰

орёл

野猪

кабан

鱼

рыба

龟

черепаха

海象

морж

狐狸

лиса

羚羊

газель

橄榄球
американский футбол

骑自行车
езда на велосипеде

网球
теннис

篮球
баскетбол

游泳
плавание

拳击
бокс

冰球
хоккей

英式足球

футбол

羽毛球

бадминтон

田径

лёгкая атлетика

手球

гандбол

滑雪

лыжный спорт

马球

поло

跳
прыгать

笑
смеяться

拥抱
обнимать

走路
идти

唱
петь

做梦
мечтать

祈祷
молиться

亲吻
целовать

书写
писать

画
рисовать

展示
показывать

推
нажимать

给
давать

拿
брать

有
......
иметь

做
......
делать

当
......
быть

站
......
стоять

跑
......
бежать

拉
......
тянуть

扔
......
бросать

摔倒
......
падать

躺
......
лежать

等待
......
ждать

携带
......
носить

坐
......
сидеть

穿衣
......
надевать

睡觉
......
спать

醒来
......
просыпаться

看
рассматривать

哭
плакать

抚摸
гладить

梳头
причесывать

交谈
говорить

明白
понимать

问
спрашивать

听
слушать

喝
пить

吃
кушать

清理
наводить порядок

爱
любить

做饭
готовить

开车
ехать

飞
летать

航行

ходить под парусом

计算

считать

读

читать

学习

учиться

工作

работать

结婚

вступать в брак

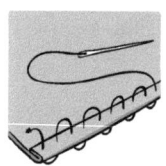

缝

шить

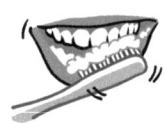

刷牙

чистить зубы

杀

убивать

抽烟

курить

寄

отправлять

活动 - действия

семья

祖母
бабушка

祖父
дедушка

父亲
папа

母亲
мама

婴童
младенец

女儿
дочь

儿子
сын

客人
гость

阿姨
тетя

叔叔
дядя

兄弟
брат

姐妹
сестра

家 - семья

身体

тело

前额
лоб
眼睛
глаз
肩膀
плечо
手指
палец
脸
лицо
下巴
подбородок
手
кисть
乳房
грудь
腿
нога
手臂
рука

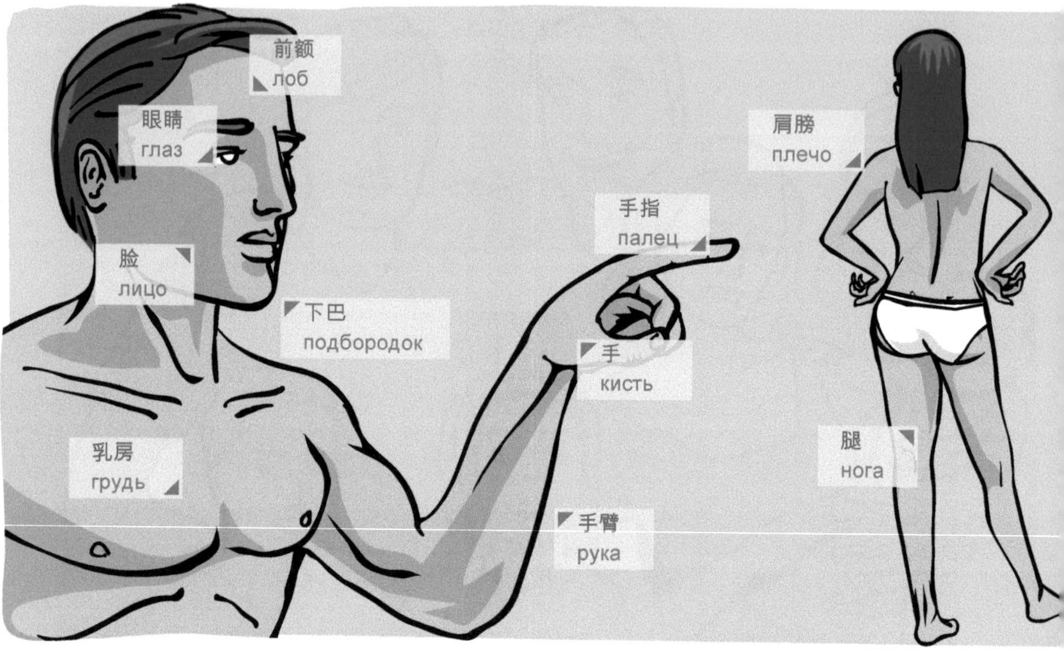

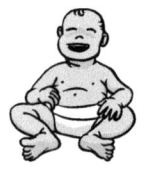

婴童

младенец

男人

мужчина

女人

женщина

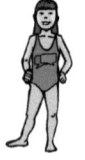

女孩

девочка

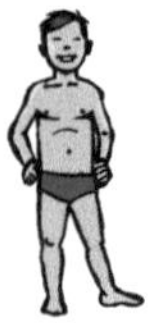

男孩

мальчик

头

голова

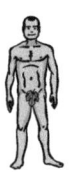

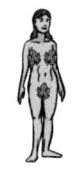

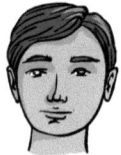

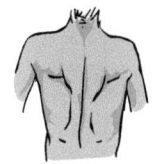

背部

спина

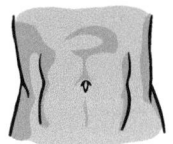

肚子

живот

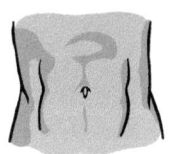

肚脐

пупок

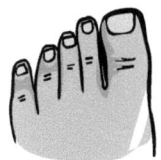

脚趾

палец ноги

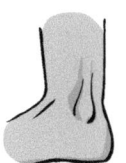

脚后跟

пятка

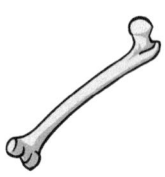

骨头

кость

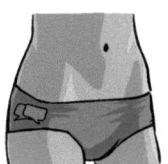

臀部

бедро

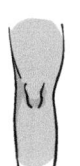

膝盖

колено

手肘

локоть

鼻子

нос

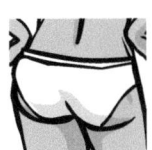

屁股

ягодицы

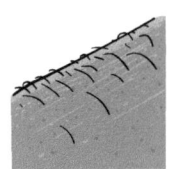

皮肤

кожа

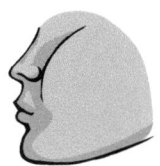

脸颊

щека

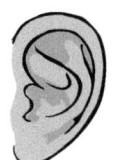

耳朵

ухо

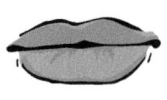

嘴唇

губа

身体 - тело

嘴

рот

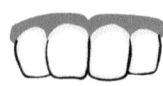

牙齿

зуб

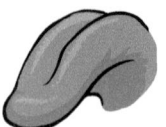

舌头

язык

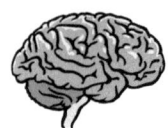

脑

мозг

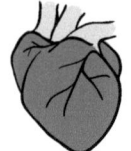

心脏

сердце

肌肉

мышца

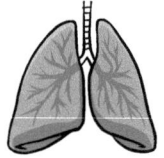

肺

лёгкое

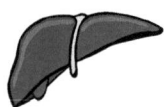

肝脏

печень

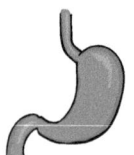

胃

желудок

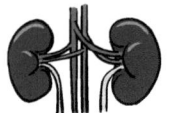

肾脏

почки

性交

половой акт

避孕套

презерватив

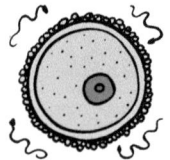

卵子

яйцеклетка

精子

сперма

怀孕

беременность

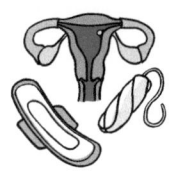

月经

менструация

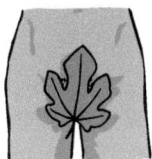

阴道

вагина

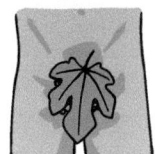

阴茎

пенис

眉毛

бровь

头发

волосы

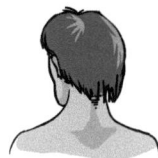

脖子

шея

医院

больница

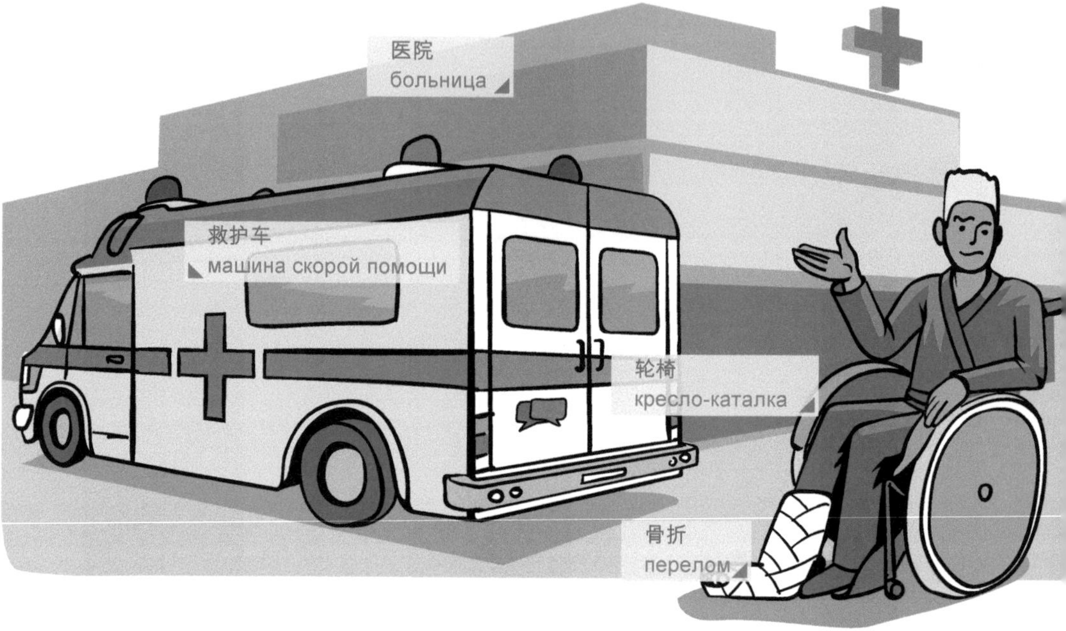

医院
больница
救护车
машина скорой помощи
轮椅
кресло-каталка
骨折
перелом

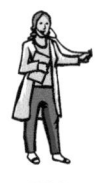

医生

врач

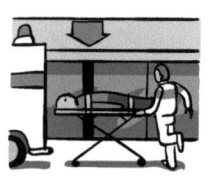

急诊室

пункт первой помощи

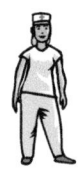

护士

медсестра

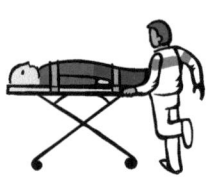

紧急情况

неотложный случай

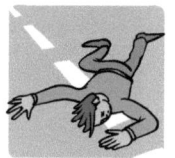

昏迷

без сознания

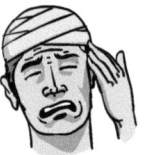

痛

боль

受伤

повреждение

出血

кровотечение

心脏病发作

инфаркт

中风

инсульт

过敏

аллергия

咳嗽

кашель

发烧

повышенная температура

流感

грипп

腹泻

понос

头痛

головная боль

癌症

рак

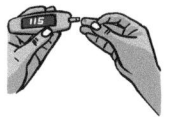

糖尿病

диабет

外科医生

хирург

手术刀

скальпель

手术

операция

医院 - больница

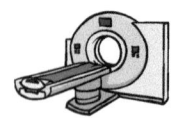

CT

KT

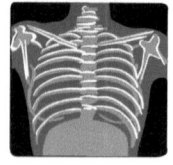

X光

рентген

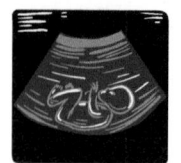

超声波

ультразвук

口罩

маска

疾病

болезнь

候诊室

приёмная

拐杖

костыль

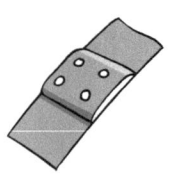

石膏

пластырь

绷带

бинт

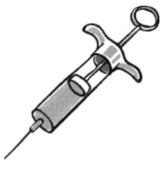

注射

укол

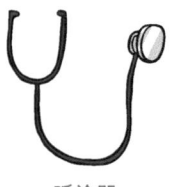

听诊器

стетоскоп

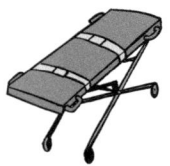

担架

носилки

体温计

термометр

出生

рождение

超重

избыточный вес

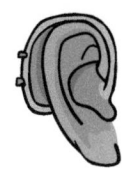

助听器

слуховой аппарат

消毒液

дезинфекционное
средство

感染

инфекция

病毒

вирус

艾滋病

ВИЧ / СПИД

药物

лекарство

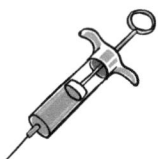

接种疫苗

прививка

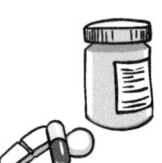

药片

таблетки

药丸

противозачаточная
таблетка

急救电话

экстренный вызов

血压计

прибор для измерения
кровяного давления

生病/健康

больной / здоровый

救命！
Помогите!

警报
сигнал тревоги

突击
нападение

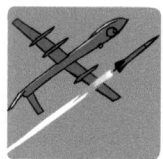

攻击
атака

危险
опасность

紧急出口
запасной выход

着火啦！
Пожар!

灭火器
огнетушитель

意外
несчастный случай

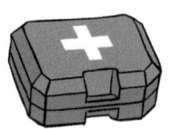

急救箱
аптечка

呼救信号
SOS

警察
милиция

欧洲

Европа

北美洲

Северная Америка

南美洲

Южная Америка

非洲

Африка

亚洲

Азия

澳洲

Австралия

大西洋

Атлантический океан

太平洋

Тихий океан

印度洋

Индийский океан

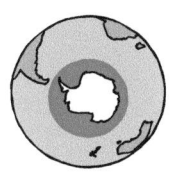

南冰洋

Антарктический океан

北冰洋

Северный Ледовитый
океан

北极

Северный полюс

南极

Южный полюс

南极洲

Антарктика

地球

земля

陆地

суша

海

море

岛

остров

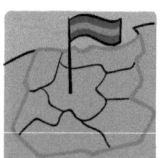

国家

нация

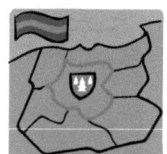

国家

государство

地球 - земля

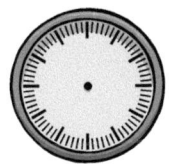

钟面

циферблат

时针

часовая стрелка

分针

минутная стрелка

秒针

секундная стрелка

现在几点？

Который час?

天

день

时间

время

现在

сейчас

电子表

электронные часы

分

минута

时

час

周一 — понедельник
周二 — вторник
周三 — среда
周四 — четверг
周五 — пятница
周六 — суббота
周日 — воскресенье

昨天 — вчера

今天 — сегодня

明天 — завтра

早晨 — утро

中午 — полдень

晚上 — вечер

工作日 — рабочие дни

周末 — выходные

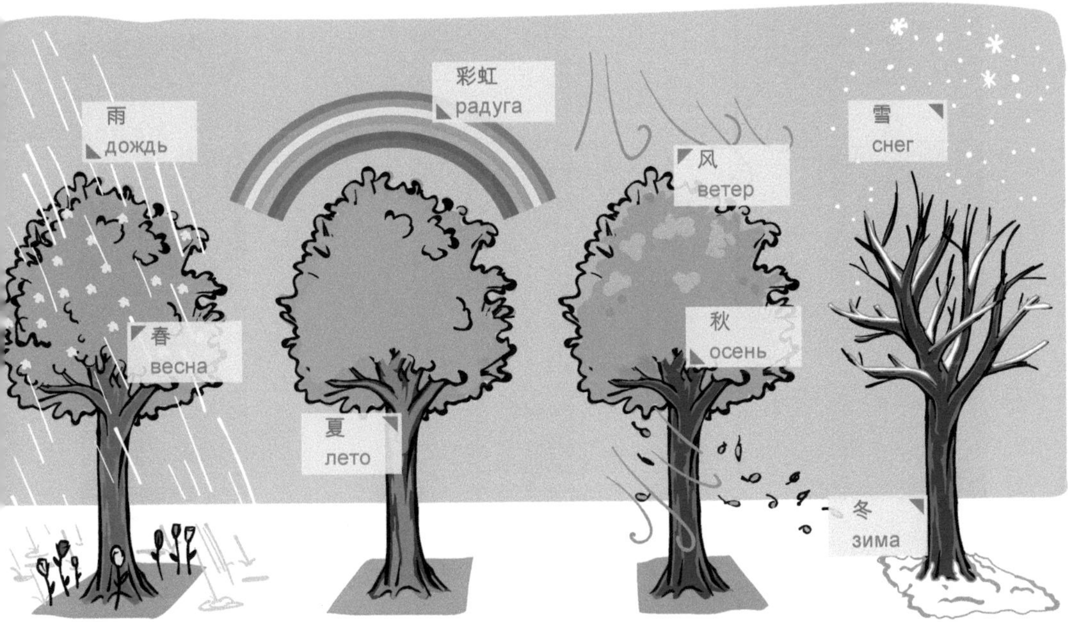

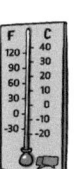

雨
дождь

彩虹
▶ радуга

风
▶ ветер

雪
снег

春
весна

夏
лето

秋
▶ осень

冬
зима

4.APRIL	11°	☀
5.APRIL	4°	☁
6.APRIL	13°	⛈
7.APRIL	8°	☀
8.APRIL	10°	☀

天气预报

прогноз погоды

温度计

термометр

阳光

солнечный свет

云

туча

雾

туман

潮湿

влажность воздуха

闪电

молния

打雷

гром

风暴

буря

冰雹

град

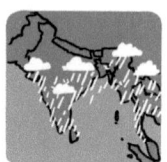

季风

муссон

洪水

наводнение

冰

лёд

一月

январь

二月

февраль

三月

март

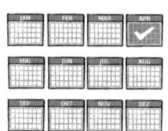

四月

апрель

五月

май

六月

июнь

七月

июль

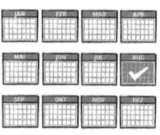

八月

август

年 - год

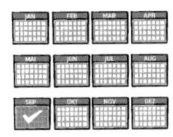

九月

sentябрь

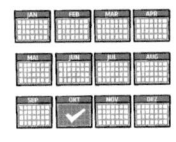

十月

октябрь

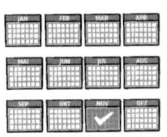

十一月

ноябрь

十二月

декабрь

形状

формы

圆形

круг

正方形

квадрат

长方形

прямоугольник

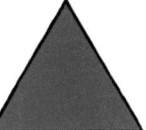

三角形

треугольник

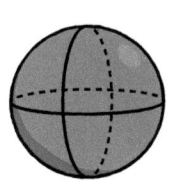

球体

шар

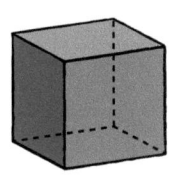

立方体

куб

颜色
цвета

白
....
белый

黄
....
желтый

橙
....
оранжевый

粉
....
розовый

红
....
красный

紫
....
лиловый

蓝
....
синий

绿
....
зелёный

棕
....
коричневый

灰
....
серый

黑
....
черный

很多/少许

много / мало

生气/平静

яростный / мирный

美/丑

красивый / уродливый

首/尾

начало / конец

大/小

большой / маленький

明/暗

светлый / темный

兄弟/姐妹

брат / сестра

干净/肮脏

чистый / грязный

完整/缺失

полный / неполный

白天/晚上

день / ночь

死/生

мёртвый / живой

宽/窄

широкий / узкий

可食用/非食用

съедобный / несъедобный

邪恶/善良

злой / дружелюбный

兴奋/无聊

взволнованный /
скучающий

胖/瘦

толстый / худой

第一/最后

сначала / в конце

朋友/敌人

друг / враг

满/空

полный / пустой

硬/软

твёрдый / мягкий

重/轻

тяжёлый / легкий

饿/渴

голод / жажда

生病/健康

больной / здоровый

非法/合法

незаконный / законный

聪明/愚笨

умный / глупый

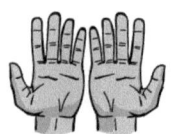

左/右

слева / справа

近/远

близко / далеко

新/旧

新/旧

新

новый / подержанный

没有/有些

ничто / нечто

老/幼

старый / молодой

开/关

включено / выключено

打开/合上

открыто / закрыто

安静/吵闹

тихо / громко

富/穷

богатый / бедный

对/错

правильный /
неправильный

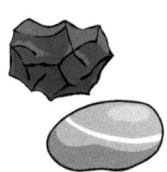

粗糙/光滑

шероховатый / гладкий

伤心/高兴

печальный / счастливый

短/长

короткий / длинный

慢/快

медленный / быстрый

湿/干

мокрый / сухой

温暖/凉爽

тёплый / прохладный

战争/和平

война / мир

反义词 - противоположности

0

零
ноль

1

一
один

2

二
два

3

三
три

4

四
четыре

5

五
пять

6

六
шесть

7

七
семь

8

八
восемь

9

九
девять

10

十
десять

11

十一
одиннадцать

12

十二
двенадцать

13

十三
тринадцать

14

十四
четырнадцать

15

十五
пятнадцать

16

十六
шестнадцать

17

十七
семнадцать

18

十八
восемнадцать

19

十九
девятнадцать

20

二十
двадцать

100

百
сто

1.000

千
тысяча

1.000.000

百万
миллион

数字 - цифры

英语

английский

美式英语

американский английский

普通话

мандаринский китайский

印地语

хинди

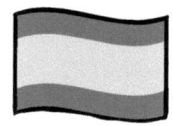

西班牙语

испанский

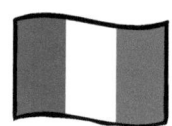

法语

французский

阿拉伯语

арабский

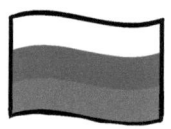

俄语

русский

葡萄牙语

португальский

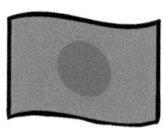

孟加拉语

бенгальский

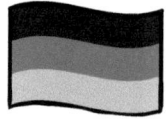

德语

немецкий

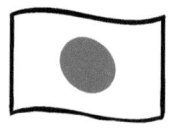

日语

японский

我

я

你

ты

他/她/它

он / она / оно

我们

мы

你们

вы

他们

они

谁？

кто?

什么？

что?

怎样？

как?

哪里？

где?

什么时候？

когда?

名字

имя

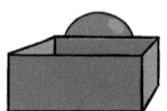

后面

за

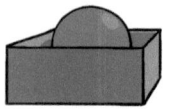

里面

в

前面

перед

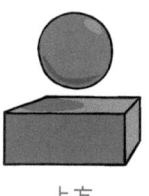

上方

над

上面

на

下面

под

旁边

рядом

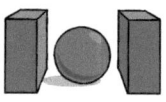

中间

между

地点

место